BEI GRIN MACHT SICH IHR WISSEN BEZAHLT

- Wir veröffentlichen Ihre Hausarbeit, Bachelor- und Masterarbeit

- Ihr eigenes eBook und Buch - weltweit in allen wichtigen Shops

- Verdienen Sie an jedem Verkauf

Jetzt bei www.GRIN.com hochladen und kostenlos publizieren

Katja Diekmann

Merkmale der deutschen Kurzgeschichte nach 1945

GRIN Verlag

Bibliografische Information der Deutschen Nationalbibliothek:

Die Deutsche Bibliothek verzeichnet diese Publikation in der Deutschen Nationalbibliografie; detaillierte bibliografische Daten sind im Internet über http://dnb.d-nb.de/ abrufbar.

Dieses Werk sowie alle darin enthaltenen einzelnen Beiträge und Abbildungen sind urheberrechtlich geschützt. Jede Verwertung, die nicht ausdrücklich vom Urheberrechtsschutz zugelassen ist, bedarf der vorherigen Zustimmung des Verlages. Das gilt insbesondere für Vervielfältigungen, Bearbeitungen, Übersetzungen, Mikroverfilmungen, Auswertungen durch Datenbanken und für die Einspeicherung und Verarbeitung in elektronische Systeme. Alle Rechte, auch die des auszugsweisen Nachdrucks, der fotomechanischen Wiedergabe (einschließlich Mikrokopie) sowie der Auswertung durch Datenbanken oder ähnliche Einrichtungen, vorbehalten.

Impressum:

Copyright © 2002 GRIN Verlag GmbH
Druck und Bindung: Books on Demand GmbH, Norderstedt Germany
ISBN: 978-3-640-42522-8

Dieses Buch bei GRIN:

http://www.grin.com/de/e-book/134678/merkmale-der-deutschen-kurzgeschichte-nach-1945

GRIN - Your knowledge has value

Der GRIN Verlag publiziert seit 1998 wissenschaftliche Arbeiten von Studenten, Hochschullehrern und anderen Akademikern als eBook und gedrucktes Buch. Die Verlagswebsite www.grin.com ist die ideale Plattform zur Veröffentlichung von Hausarbeiten, Abschlussarbeiten, wissenschaftlichen Aufsätzen, Dissertationen und Fachbüchern.

Besuchen Sie uns im Internet:

http://www.grin.com/

http://www.facebook.com/grincom

http://www.twitter.com/grin_com

Inhaltsverzeichnis

1 Einleitung 2
2 **Die historische Entwicklung der Kurzgeschichte** 3
   2.1 Wortgeschichte und Begriffsentwicklung der Kurzgeschichte 3
   2.2 Die Entwicklung der Kurzgeschichte im ausgehenden 19. Jahrhundert 3
   2.3 Die deutsche Kurzgeschichte seit 1945 5
3 **Merkmale der Kurzgeschichte nach 1945** 9
   3.1 Die stoffbedingte Kürze der Kurzgeschichte 10
   3.2 Der Stoff und Stil der Kurzgeschichte 11
   3.3 Die Figuren und der Raum in der Kurzgeschichte 12
   3.4 Die Rolle des Erzählers in der Kurzgeschichte 13
   3.5 Die Darstellung der Zeit in der Kurzgeschichte 14
   3.6 Anfang und Schluss der Kurzgeschichte 16
4 Zusammenfassung 18
5 Literaturverzeichnis 21

1 Einleitung

Der Schwerpunkt der vorliegenden Arbeit bezieht sich auf das Wesen und die Struktur der Kurzgeschichte in der Zeit nach 1945. Die stoffliche Eingrenzung auf die Kurzgeschichte der Nachkriegszeit dient zunächst literaturtheoretischen Erfordernissen. Bei aller Verwandtschaft mit der *short story* hat die deutsche Kurzgeschichte eben doch ihre spezifischen Wesensmerkmale. Das gilt besonders für die Kurzgeschichte der Nachkriegszeit: Im Gehalt bemüht sie sich darum, Belastungen der Vergangenheit zu verarbeiten, um das Leben in Zukunft besser bewältigen zu können.

Es scheint zunächst sinnvoll mit einem kurzen historischen Überblick über die Kurzgeschichte zu beginnen (Kapitel 2). Zuerst wird die Wortgeschichte und Begriffsentwicklung der Kurzgeschichte dargestellt (Kapitel 2.1). Anschließend wird auf die historische Entwicklung der Kurzgeschichte seit dem 19. Jahrhundert eingegangen, da die Kurzgeschichte hier zunehmend an Bedeutung gewonnen hat (Kapitel 2.2) und dies die Entwicklung der Kurzgeschichte nach 1945 beeinflusst hat. Besonders wichtig ist mir nun eine ausführlichere Betrachtung der Entwicklung der Kurzgeschichte nach 1945 vorzunehmen (Kapitel 2.3). Dieser Zeitraum ist, wie schon erwähnt, als die Blütezeit der deutschen Kurzgeschichte anzusehen und hat sie besonders geprägt. Im Anschluss an die historische Entwicklung der Kurzgeschichte erscheint es sinnvoll auf die charakteristischen Merkmale der Kurzgeschichte nach 1945 einzugehen. Dabei soll die Kürze (Kapitel 3.1), der Stoff und Stil (Kapitel 3.2), die Figuren und der Raum (Kapitel 3.3), die Rolle des Erzählers (Kapitel 3.4), die Darstellung der Zeit (Kapitel 3.5) und der Anfang und der Schluss (Kapitel 3.6) in der Kurzgeschichte betrachtet werden. Dies soll in kurzer und zusammenfassender Form erfolgen. Es muss jedoch berücksichtigt werden, dass diese Merkmale zwar typisch sind für einen Großteil deutscher Kurzgeschichten nach 1945, sie jedoch nur in Teilen in den einzelnen Kurzgeschichten dieser Zeit auftreten. Es gibt wohl kaum eine Kurzgeschichte dieser Zeit, die all die angeführten Merkmale auf einmal beinhaltet. Zumal es bei den genannten Merkmalen auch unzählig verschiedene Variationen gibt.

In der Zusammenfassung (Kapitel 4) wird ein komprimierter Überblick über die gesamte Arbeit gegeben, wobei das Künstlerische in der Kurzgeschichte besonders hervorgehoben werden soll.

2 Die historische Entwicklung der Kurzgeschichte

2.1 Wortgeschichte und Begriffsentwicklung der Kurzgeschichte

Kurzgeschichte ist die Lehnübersetzung der anglo-amerikanischen Bezeichnung „short story". Sie lässt sich seit den neunziger Jahren des 19. Jahrhunderts neben der schon 1886 geprägten Übertragung „kurze Geschichte" nachweisen; als Synonyme werden um die Jahrhundertwende „Skizze" und „Novelette" verwendet, während auch der englische Terminus noch gebraucht wird. Daraus ist ersichtlich, dass der deutsche Begriff im Gegensatz zu „Short-Story" nicht Novelle und längere Erzählung mit einschließt, vielmehr bewusst von diesen abgehoben wird, indem zwar auch bestehende Ähnlichkeiten, doch hauptsächlich der Unterschied zur Novelle durch die Wortwahl ausgedrückt werden.

Im 20. Jahrhundert setzt sich die Bezeichnung Kurzgeschichte, nach dem sie nach den beiden Weltkriegen einen Aufschwung erfuhren hatte, durch. Sie wurde jedoch erst 1953, durch umfangreiche Untersuchungen von Klaus Doderer, eindeutig verstanden als Begriff für eine eigenständige, qualitativ hochstehende Gattung der Kurzprosa, die der „short story" entspricht. Ihr Gattungsprinzip ist die qualitativ angewandte Reduktion und Komprimierung, die alle Gestaltungselemente einbezieht und sich dementsprechend auf die Suggestivkraft der Kurzgeschichte auswirkt.[1]

2.2 Die Entwicklung der Kurzgeschichte im ausgehenden 19. Jahrhundert

Der immer wieder betonte internationale Charakter der Kurzgeschichte sowie die Tatsache, dass diese Gattung in Deutschland seit dem ausgehenden 19. Jahrhundert zunehmend Beachtung findet, lässt sich auf das Zusammenspiel mehrerer Entwicklungen zurückführen. In dem Maße, wie sich im Laufe des Jahrhunderts neue Erzählweisen herausbilden, denen die traditionellen Prosagattungen nur begrenzt Raum bieten können – dem offenen Anfang und Schluss etwa -, wird die Kurzgeschichte zum „Sammelplatz" dieser „modernen Erzählkriterien", und zwar unter dem strukturbildenden Prinzip der Kürze.[2] Wesentlich für das qualitative Verständnis dieses Prinzips wird Edgar Allan Poes Kompositionstheorie, daneben aber auch die Bekanntschaft mit übersetzten amerikanischen Kurzgeschichten, vor denen von Poe

---

[1] vgl. Marx, Leonie: „Die deutsche Kurzgeschichte". Stuttgart: Metzler 1997, S. 1-2.
[2] vgl. Höllerer, Walter: „Die kurze Form der Prosa." In: Nayhauss, Hans –Christoph: „Theorie der Kurzgeschichte. Arbeitstexte für den Unterricht". Stuttgart: Reclam Verlag 1997, S. 74.

und Bret Harte angesehen.[3] Hinzu kommt um 1900 ein umfassendes Übersetzungsangebot von Kurzgeschichten aus den Literaturen Frankreichs, Russlands, Skandinaviens und Englands, in dessen Rahmen die Beispiele von Guy de Maupassant und Anton Tschechow eine nachhaltige Vorbildfunktion erlangen. Außerdem fördern Zeitschriften und Zeitungen die Kurzgeschichte; Magazine wie „Simplicissimus" und „Jugend" setzen sich schon in den neunziger Jahren durch Preisausschreiben für die neue Gattung der deutschen Literatur ein.

Experimentierfreudigkeit unter den Autoren im Umbruch der Moderne trägt ebenso zur Aufnahmebereitschaft gegenüber der Kurzgeschichte bei, wie die Faszination, die von Poes handwerklicher Darlegung des künstlerischen Arbeitsvorgangs am Beispiel der *short story* ausging. Poes Schwerpunkte von Kürze, Spannung und pointiertem Schluss im Sinne eines wirkungsvollen einheitlichen Eindrucks führen allerdings dazu, dass sich über den Feuilletonteil der Zeitungen eine auf leichte Unterhaltung ausgerichtete, gradlinig auf einen überraschenden Schlusseffekt zulaufende Variante ausbreitet. Gegen ihre thematische Verflachung und den formalen Schablonencharakter wird in der Folgezeit, besonders in den zwanziger und dreißiger Jahren, vielfach polemisiert, wobei dieser Typus oft mit der Kurzgeschichte überhaupt gleichgesetzt wird und die Polemik sich ebenfalls gegen den handwerklichen Aspekt des Erzählers richtet.[4]

Demgegenüber kommt es bei dem Bestreben, den ausländischen, zumal den amerikanischen Vorbildern eine ausschließlich deutsche Tradition für die Kurzgeschichte entgegenzusetzen, zu Vermischungen mit Anekdote und Kalendergeschichte, indem auf Heinrich von Kleist und Johann Peter Hebel zurückgegriffen wird.[5] Als nachteilig erweist sich zudem die ideologische Einwirkung nationalsozialistischer Literaturpolitik, denn im Feuilleton hat die Kurzgeschichte der ideologischen Erziehung der Leser zu dienen, was die künstlerische Entwicklung der Gattung in Deutschland erheblich behindert.[6] Dennoch sind weiterhin amerikanische *short stories* von William Faulkner, Ernest Hemingway, Thornton Wilder, John Steinbeck, James Thurber, Sherwood Anderson, O. Henry, William Saroyan, Jack London – z.T. in Anthologien – bis etwa 1942 verfügbar; die meisten werden dann wieder ab 1945 durch das kulturpolitische

---

[3] vgl. Kuipers, J.: „Zeitlose Zeit. Die Geschichte der deutschen Kurzgeschichtsforschung". Groningen: Wolters Nordhoff Publishing 1970, S. 9ff.
[4] vgl. Marx, L.: „Die deutsche Kurzgeschichte".1997, S. 97-108 u. 138.
[5] vgl. Marx, L.: „Die deutsche Kurzgeschichte".1997, S. 16.
[6] vgl. Marx, L.: „Die deutsche Kurzgeschichte".1997, S. 112.

Umerziehungsprogramm der amerikanischen Besatzung angeboten.[7] Auch die Kurzgeschichten Maupassants, Tschechows, Katherine Mansfields gehören zu den Vorbildern der Nachkriegszeit; vereinzelt wird auf deutsche Kurzprosa des frühen 19. Jahrhunderts hingewiesen. Doch viele der deutschen Nachkriegsautoren, die beginnen unter dem Eindruck der short story zu schreiben, fassen diese Gattung als die ihnen zeitgemäße auf und leiten die eigentliche Blütezeit der deutschen Kurzgeschichte ein. Günstig dafür sind zahlreiche deutsche Zeitschriften, einerseits die „Story" mit internationalen Kurzprosabeiträgen und knappen theoretischen Aussagen zur short story, andererseits die neugegründeten, die den literarischen Arbeiten der jungen Generation ein Forum bieten.[8]

2.3 Die deutsche Kurzgeschichte seit 1945

Die hervorragende Stellung der Kurzgeschichte unter der ersten deutschen und in Deutschland gedruckten Nachkriegsliteratur, ist unbestritten. Kurzgeschichten erschienen zwar zunächst nicht als geschlossene Buchveröffentlichung, sondern verstreut in Zeitungen, Zeitschriften und Anthologien. Erst ab 1950 wurden sie von den Autoren in Sammelbänden herausgegeben.[9] Seit etwa 1960 ist erneut ein starkes Interesse an der deutschen Nachkriegskurzgeschichte zu beobachten. Nun dient sie gleichsam als Rückschau auf eine schon fast vergessene Epoche, denn „es wäre vielleicht gut", bemerkt Wolfdietrich Schnurre, „wenn gerade unsere heutige Literatur sich hin und wieder einmal auf ihre Ausgangsposition zwischen den Jahren 1945 und 47 besönne." [10]

Viele der in der unmittelbaren Nachkriegszeit veröffentlichten Kurzgeschichten stammen von Autoren, die schon vor oder während des Zweiten Weltkrieges Kurzprosa veröffentlicht hatten. Zu nennen sind Georg Britting, Heiz Risse, Hermann Kesten, Martin Kessel, Kurt Krusenberg, Arno Schmidt u.v.a. Daneben aber stand eine junge Gruppe von Autoren – besonders vertreten durch Wolfgang Borchert, Heinrich Böll, Wolfdietrich Schnurre, Ernst Schnabel, Günther Eich, Alfred Andersch, deren Dichtung Kriegs-, Heimkehr- und Trümmerliteratur war. Diese Gruppe hatte weder vor 1945 Kurzgeschichten veröffentlicht, noch zeigte sie sich bewusst von der Tradition der deutschen Kurzgeschichte beeinflusst. Jedoch kann man bei einigen Nach-

---

[7] vgl. Lorbe, Ruth: „Die deutsche Kurzgeschichte der Jahrhundertmitte". In: Der Deutschunterricht, Jg. 9, 1957, H. 1, S. 39.
[8] vgl. Marx, L.: „Die deutsche Kurzgeschichte".1997, S. 124-127.
[9] vgl. Marx, L.: „Die deutsche Kurzgeschichte".1997, S. 135 u. 140.
[10] Schurre, Wolfdietrich: „Man sollte dagegen sein. Geschichten". Frankfurt und Hamburg: Fischer Bücherei 1964, S. 10.

kriegsautoren den Einfluss der amerikanischen *short story* feststellen, insbesondere durch die Anlehnung an die amerikanischen Autoren Hemingway und Faulkner. Hemingway gab zwar den Anstoß zur Entwicklung der modernen deutschen Kurzgeschichte, aber dennoch entwickelte die Autorengruppe der Nachkriegszeit einen eigenen andersartigen Stil. Denn im Gegensatz zu Hemingway ist das Stoffgebiet und die Form der modernen deutschen Autoren eingeschränkter, sie beziehen sich stärker auf das Allgemeingültige und Menschliche und fokussieren sich nicht so stark auf den Helden.[11]

Diese neue Autorengruppe betonte und betont aber bis heute immer wieder, dass ihre Literatur „ihr Entstehen keinem organischen Wachstum, keiner fortwirkenden Überlieferung, sondern einer Katastrophe verdankt, dem Krieg."[12] Für diese Generation junger Autoren galt, was ihr Selbstverständnis anbetrifft, tatsächlich die Formel vom totalen Neuanfang.[13] Das Übermaß an erlebter Geschichte fiel gleichsam von ihnen ab und befähigte sie zu einem schmerzvollen und dennoch als beglückend empfundenen Neuanfang. So meint Wolfgang Borchert: „Wir sind eine Generation ohne Abschied, aber wir wissen, dass alle Ankunft uns gehört".[14] Wobei diese Sichtweise aus heutiger Betrachtung eher kritisch angesehen werden muss, da sich die Kurzgeschichte kontinuierlich entwickelt hat und es vor dieser neuen Generation von Schriftstellern auch schon Kurzgeschichtenautoren (vgl. S. 7) gab. Dennoch ist es unbestreitbar, dass es ihre eigene leidende Gegenwart und Vergangenheit war, der sich die jungen Autoren widmeten und mit der sie sich identifizierten. Literatur und Leben gingen eine selten gekannte innige Verbindung ein.[15] Der Kurzgeschichtenkanon der Nachkriegsautoren umreißt in seiner Gesamtheit ein rundes Bild vom Deutschland jener Jahre.

Hierbei gibt es die unterschiedlichen Themen: Einberufung von Kindern (Schnurre, Der Ausmarsch), Verwundung und Lazarettaufenthalt (Böll, Wanderer wann kommst du nach Spa...), Flucht aus dem Gefangenenlager (Schnurre, Die Rückkehr). Geschichten von den Nachwirkungen des Krieges, wie Tod der Angehörigen (Borchert, Die Küchenuhr, Nachts schlafen die Ratten doch), Flüchtlingselend (Schnurre, Auf

---

[11] vgl. Kilchenmann, R. J.: „Die Kurzgeschichte. Formen und Entwicklung". Stuttgart, Berlin, Köln, Mainz: Kohlhammer Verlag 1967, S. 141 u.147.
[12] Schnurre, W.: „Man sollte dagegen sein. Geschichten". 1964, S. 9.
[13] vgl. Kilchenmann, R. J.: „Die Kurzgeschichte. Formen und Entwicklung".1967, S. 140f u. 159ff.
[14] Borchert, Wolfgang: „Generation ohne Abschied". In: „Das Gesamtwerk". Hamburg: Rowohlt Verlag 1949, S. 73.
[15] vgl. Marx, L.: „Die deutsche Kurzgeschichte".1997, S. 121f.

der Flucht), Razzia (Böll, Kumpel mit dem langen Haar), Hungersnot (Borchert, Das Brot) – die Beispiele ließen sich beliebig vermehren.[16]
Nun stellt sich die Frage nach dem Grund und Zweck ihres Schreibens. Zunächst war es Selbstaussprache, denn man „fing damals nicht an zu schreiben, weil man sich vorgenommen hatte, Schriftsteller zu werden. Man schrieb, weil man nicht anders konnte. Man schrieb aus Erschütterung, aus Empörung."[17] Alle Kurzgeschichten der Nachkriegszeit sind verkappte Ich-Erzählungen, Teile einer Autobiographie, hinter denen sich nicht nur der Autor verbarg, sondern auch der Leser sich wiedererkannte. Über diesen Prozess der Selbstaussprache hinaus verstand die Nachkriegsgeneration ihr Werk als Protest und Provokation.

„Man schrieb, weil einem die schrecklichen Kriegsjahre eine Lehre aufzwangen. Man schrieb, um zu warnen...Denn es war eine engagierte Literatur; eine Literatur, die etwas wollte. Sie wollte verändern."[18] Ihr Werk ist Bild des Grauens und zugleich Aufforderung an den Leser, alles zu tun, um gleiches in Zukunft zu verhindern. Doch sie provoziert nicht aus Hass, sondern aus Liebe – „Denn wir lieben diese gigantische Wüste, die Deutschland heißt"[19] – und dieses starke gefühlsmäßige Engagement verhindert es, dass sie provokatorische Formen wie die Satire benutzt.[20] Die Kurzgeschichte der Nachkriegszeit begann aus einem Nichts vorsichtig neu zu sammeln. Eine Welt, die dort im Augenblick zertrümmert wurde, wurde hier aus Augenblicken neu zusammengesetzt. Die Kurzgeschichten der jungen Generation von Schriftstellern „waren Anruf, Aufschrei und Not...Sie fordern auf zur Stellungnahme, zur Entscheidung, sie sind Bekenntnis zur Wahrhaftigkeit des Erlebnisses, ohne Beschönigung, ohne idealistische Lüge".[21]

Gleiche Vorsicht wie gegenüber dem Inhalt herrschte auch gegenüber der sprachlichen Form.

Die Sprache „musste erst mühsam Wort für Wort abgeklopft werden. Jedem und, jedem Adjektiv gegenüber war Vorsicht geboten. Die neue Sprache, die so entstand, war nicht schön. Sie wirkte keuchend und kahl, um Umgangsidiome und das Misstrauen gegenüber langen Sätzen und großen Worten hatte mitgearbeitet an ihr."[22]

---

[16] vgl. Marx, L.: „Die deutsche Kurzgeschichte".1997, S. 142-148.
[17] Schurre, W.: „Man sollte dagegen sein. Geschichten".1964, S. 9.
[18] Schurre, W.: „Man sollte dagegen sein. Geschichten".1964, S. 9f.
[19] Borchert, Wolfgang: „Das Ist unser Manifest". In: „Das Gesamtwerk". Hamburg: Rowohlt Verlag 1949, S. 351.
[20] vgl. Schnurre, Wolfdietrich: „Kritik und Waffe. Zur Problematik der Kurzgeschichte". In: Deutsche Rundschau 87 (1961), S. 63.
[21] vgl. Kilchenmann, R. J.: „Die Kurzgeschichte. Formen und Entwicklung".1967, S. 161.
[22] Schurre, W.: „Man sollte dagegen sein. Geschichten".1964, S. 9.

Zertrümmerung der Syntax, wiederholende Satzteile und Schlüsselwörter, stilistische Arabesken, Verwendung von Umgangssprache, geschickt gehandhabte Aussparungstechnik, monologisches Stammeln und uneigentlicher Dialog waren typische Mittel von der Kurzgeschichte der Nachkriegszeit.[23] Weitere Merkmale der Kurzgeschichte nach 1945 „ist die knappe, aussparende Erzählweise: das geradlinig auf den Schluss zulaufende Gegenwartsgeschehen, teilweise mit äußerst komprimiert eingefügter Vorgeschichte, meistens in umgangsprachlichem, untertreibendem Stil".[24]

Dieser Typ kurzgeschichtlichen Erzählens, dessen Themenkreis sich unmittelbar im Umkreis der Erlebnisse von Kriegs- und Nachkriegszeit bewegte, bestimmte das Bild der deutschen Kurzgeschichte bis zum Ende der vierziger Jahre. Die Ausbeute war so reich und wurde vom Leser so wohlwollend aufgenommen, dass der Eindruck entstehen konnte, es sei die Epoche deutscher Kurzgeschichte schlechthin gewesen, eine Gattungspoetik habe sich also an ihren Formen zu orientieren.[25] Das aber wäre eine zu einseitige Betrachtungsweise. Eine Gattungsbestimmung wird ungleich vorsichtiger zu Werke gehen müssen, da sie dem Reichtum kurzgeschichtlichen Erzählens der verschiedensten literarischen Epochen gerecht werden muss.

Seit etwa 1952 splittert sich der Themenkreis und damit auch der Formenkanon erneut auf. Die Zeit der Trümmerfelder und Trümmerliteratur, die sich die junge Nachkriegsgeneration unter eine inneren Zwang von der Seele schrieb, ist vorbei. Die jüngsten Autoren scheinen die Fähigkeit wiedergewonnen zu haben, freizügig mit Stoff und Form zu spielen. Die Kurzgeschichte, die sich unter dem besonderen Blickwinkel der Nachkriegsgeneration verengt hatte, vermag aufs Neue ihren reichen Formenkanon zu entfalten. Noch immer ist sie zwar wie Schnurre es nennt, „Kritik und Waffe".[26] Ihre Kritik gilt dem in der Zwischenzeit Geschaffenen: dem Wohlstandsdeutschland nach Währungsreform, Staat und Gesellschaft, dem Kulturbetrieb etc.

Die jungen Autoren der Nachkriegsgeneration finden wieder zur Satire und wissen sie ironisch und komisch, zornig und liebenswürdig abzutönen – so ist z.B. Wolfgang Hildesheimers Sammlung „Lieblose Legenden" (1952) und Heinrich Bölls „Doktor Murkes gesammeltes Schweigen" (1958) anzuführen. Die Nachkriegsautoren haben

---

[23] vgl. Kilchenmann, R. J.: „Die Kurzgeschichte. Formen und Entwicklung". 1967, S. 161f.
[24] Marx, L.: „Die deutsche Kurzgeschichte".1997, S. 141.
[25] vgl. Marx, L.: „Die deutsche Kurzgeschichte".1997, S.135.
[26] vgl. Schnurre, W.: „Kritik und Waffe. Zur Problematik der Kurzgeschichte". 1961, S. 61.

wieder Freude am Erzählen, wie z.B. die kunstvolle Prosa Herbert Eisenreichs zeigt. Der Tatsachenstil der Nachkriegsjahre hat an Verlässlichkeit verloren, das Irreale und Hintergründige dagegen wieder an Interesse gewonnen. Hier sind es besonders die Frauen, wie z.b. Ilse Aichinger (Der Gefesselte, 1953) und Marie Luise Kaschnitz (Lange Schatten, 1960), deren Dichtungen den fließenden Grenzen von Traum und Realität gestalt zu geben versuchen. Noch einen Schritt weiter gehen die modernen grotesken Erzähler wie Herbert Heckmann, Christoph Meckel, Martin Walser (Lügengeschichten, 1964), die die Wirklichkeit verfremden, um ihre Konturen klarer herauszuarbeiten.

Ab Mitte der fünfziger Jahre wird sie zunehmend Teil des Deutschunterrichts, dadurch verbreitet und wissenschaftlich diskutiert.[27]

Seitdem in den siebziger Jahren andere literarische Gattungen in den Vordergrund gerückt sind und der Kurzgeschichte weniger Platz in den Zeitungen und Zeitschriften zur Verfügung steht, spielt sie keine so dominante Rolle mehr, hat aber ihren festen Platz in der literarischen Öffentlichkeit durch ihre Funktion in der Schulpraxis und der regelmäßig veranstalteten Wettbewerbe; besonders aufgrund ihrer prägnanten, flexiblen Form eignet sie sich immer wieder für die nachdrückliche Bearbeitung gesellschaftskritischer Themen, wie aus vielen Kurzgeschichten der siebziger und achtziger Jahre hervorgeht: bei Alfred Andersch, Angelika Mechtel, Josef Reding, Hans van Ooyen etwa und bei Autoren der ehemaligen DDR wie Jurek Becker, Thomas Barsch, Ulrich Pelzendorf, Klaus Schlesinger etc.[28]

3 Merkmale der Kurzgeschichte nach 1945

Die grundlegenden Merkmale der Kurzgeschichte der Nachkriegszeit werden häufig in der Kürze, der Alltäglichkeit, der Offenheit und der Symbolhaftigkeit gesehen. Vordergründig muss die Kürze als die Verdichtung des Textes durch Aussparungen, Reduktionen, syntaktische Verknappung und Wiederholung verstanden werden. Die Alltäglichkeit wird in der Sprache und im Inhalt zum Ausdruck gebracht. Die Kurzgeschichte gibt nur einen kurzen bedeutsamen Augenblick eines Geschehen wieder, welches sie mit Hilfe eines beispielhaften Falls generalisiert. Hieraus resultiert dann die Offenheit der Kurzgeschichte. Sie bedient sich der Bildsprache und der Symbolik,

---
[27] vgl. Marx, L.: „Die deutsche Kurzgeschichte".1997, S. 150-161.
[28] vgl. Marx, L.: „Die deutsche Kurzgeschichte".1997, S. 162 u. 165-170.

wodurch wiederum die Verdichtung und die Offenheit unterstrichen werden. Weiterhin scheinen drei Kategorien, die aufeinander bezogen werden müssen für die Merkmale der Kurzgeschichte von Bedeutung zu sein:
1.) die „stoffbedingte Kürze"
2.) die „Rolle des Erzählers"
3.) die „Darstellung der Zeit"
Dies soll im Folgenden ausführlicher betrachtet werden.

3.1 Die stoffbedingte Kürze der Kurzgeschichte

Es fällt auf, dass alles was typisch für die Kurzgeschichte ist, von ihrer Kürze auszugehen scheint. Dabei ist aber nicht die quantitative Kürze von Bedeutung, welche in der Nachkriegzeit im Durchschnitt acht Seiten umfasste. „20 Seiten erreicht sie auf keinen Fall, die untere Grenze von 2 Seiten unterläuft sie nicht."[29] Sondern vielmehr ist die qualitative, die stoffbedingte Kürze. Darunter versteht man die Kunst der Verdichtung bzw. Verkürzung, worin auch die erzähltechnischen Verfahrensweisen und die sprachliche Gestaltung mit eingeschlossen werden.[30] Dies setzte also voraus, dass die erzählte Zeit gering gehalten wird und dass die Figuren und der Raum nur skizziert werden können. Häufig beschränkt sich die Kurzgeschichte nur auf einen Augenblick, der eine bedeutsame Situation verdeutlicht. In diesen Augenblick setzt sie direkt mit ihrem Geschehen ein und endet ohne eine Nachgeschichte, also mit einem offenen Ende. Es sind also Aussparungstechniken notwendig, Rohner spricht hierbei von einer „weitgetriebenen Reduktion".

Diese wird durch eine aussparende und eingeschränkte Beschreibungs- und Darstellungsweise und die Sprache bestimmt, die häufigen Wiederholungen, die Satzfetzen, die durchgängig raumsparenden Parataxen, die Verwendung des lakonischen, oft nur aus halben Sätzen bestehenden Dialogs, die Annährung des Stils ans verknappend Umgangssprachliche, die Aussparungen und Andeutungen und die Symbolik der Wörter und Wendungen sind typische sprachliche Merkmale der deutschen Kurzgeschichte der Nachkriegszeit.[31]

Da die stoffbedingte Kürze sich durch alle anderen Merkmale zieht, muss auf sie immer wieder eingegangen und Rückbezug genommen werden.

---

[29] Rohner, Ludwig: „Theorie der Kurzgeschichte". Frankfurt a. M.: Athenäum Verlag 1973, S. 156.
[30] vgl. Marx, L.: „Die deutsche Kurzgeschichte".1997, S. 61.
[31] Rohner, L.: „Theorie der Kurzgeschichte". Frankfurt a. M.: Athenäum 1973, S. 162ff.

3.2 Der Stoff und Stil der Kurzgeschichte

Der Gegenstand der Kurzgeschichte ist immer der Mensch. Sie sieht ihre Erzählfiguren nicht mehr fraglos bewahrt in einem umgreifenden Lebens- und Schicksalszusammenhang. Die Wirklichkeit ist immer vielmehr unsicher geworden; hinter ihrer gleichförmigen Fassade sieht sie den Wechsel; sie weiß um die verwirrenden Möglichkeiten seelischen Erlebens, dessen Spontaneität sich jeder Berechnung entzieht. Durch hohe Verdichtung kann eine komplexe, mehrschichtige Struktur zustande kommen, die als „ein Stück herausgerissenes Leben" empfunden wird.[32] Die Inhalte der Kurzgeschichte sind meist aus dem Leben gegriffen.

Schon die Stoffwahl, generell aus dem Alltagsleben getroffen, verdeutlicht diese komplexe Kürze. Die Kurzgeschichte gibt ein Abbild der Wirklichkeit wieder und bietet bündige Einblicke in das Spannungsverhältnis zwischen scheinbar gewöhnlichen kleinen Konflikten oder Krisen des Alltags und der besonderen, vielleicht sogar tiefreifenden existenziellen Deutung, die man für das Leben eines Menschen annehmen kann. Die plötzliche für den Einzelnen ungewöhnliche Situation erfordert eine entsprechende Reaktion, lässt daher eine an sich durchschnittliche Person für einen Augenblick zu einem besonderen Menschen werden.[33]

Die Kurzgeschichte der Nachkriegszeit bekräftigt ihren Wahrheitsanspruch durch die Wahl ihrer Mittel sowie der Verkürzung ihres Stoffgebiets. Die Aus der Perspektive des Autors beschriebene brüchige Welt wird durch ihre ungeschönte Darstellungsweise besonders betont. Andeutende Verkürzungen und oft dramatische Vergegenwärtigung des Geschehens erreicht die Kurzgeschichte beispielsweise durch Verzicht auf Erklärungen, v.a. bei weitgehend dialogischer, noch dazu umgangssprachlicher Durchgestaltung.

Das Feld der Kurzgeschichte ist der Alltag. Somit ist die Kurzgeschichte Abbild der Wirklichkeit.[34]

Jedoch „in der Kurzgeschichte verwischen und durchdringen verschiedene Wirklichkeiten: Erinnerung, erlebte Gegenwart, Traum. Oftmals hält sie sich an der „Wasserscheide" auf, hart an der Grenze des Unwahrscheinlichen"[35]. Also handelt es sich bei der Kurzgeschichte nicht primär um eine polemisch-sozialkritische Wirklichkeitsdar-

---

[32] vgl. Schnurre, Wolfdietrich: „Kritik und Waffe. Zur Problematik der Kurzgeschichte". 1961, S. 61-62.
[33] vgl. Doderer, Klaus: „Die Kurzgeschichte in Deutschland. Ihre Form und ihre Entwicklung." Darmstadt: Wissenschaftliche Buchgesellschaft 1969, S.40f.
[34] vgl. Rohner, L.: „Theorie der Kurzgeschichte".1973, S. 51, 162 u.164.
[35] vgl. Rohner, L.: „Theorie der Kurzgeschichte". 1973, S. 182.

stellung, sondern der Kurzgeschichtenautor ist vielmehr davon überzeugt, dass in den gleichförmigen, sich täglich wiederholenden Vorgängen die wahren Geheimnisse des Lebens verborgen sind, und dass sich daher nur von hier aus der Standort des Menschen, der ja nicht nur der seiner Erzählfiguren, sondern auch der seiner Leser ist, bestimmen lässt.

3.3 Die Figuren und der Raum in der Kurzgeschichte

Die Kurzgeschichte beinhaltet scheinbar eine Situation, in der der Leser seine eigene Wirklichkeit deutend erkennen soll. Der Leser soll sich in den Erzählfiguren wiederfinden. Zwar handeln, sprechen und benehmen sie sich so, wie es der sie betrachtende oder sich gar mit ihnen identifizierende Leser von ihnen erwartet, jedoch befinden sie sich in einer Ausnahmesituation. Es sind Menschen, die eine ungewöhnliche Lage mit einer ungewöhnlichen Reaktion zu beantworten haben.[36] Häufig sind die Hauptfiguren einer Kurzgeschichte Kinder oder Alte, Häftlinge oder Irre, also hilfs- und schutzbedürftige Menschen. Diese Figuren werden jedoch nicht entwickelt, sie enthüllt sie höchstens durch einen charakteristischen Zug in Aussehen oder Verhalten, wobei Namensgebung, Gestik, Kleidung, Sprache der Personen deren Motive und Gefühle erkennen lassen. Es handelt sich also um Typen, die leicht zu skizzieren sind. Sie werden soweit typisiert, als dass das Charakteristische noch zum Vorschein kommt.[37] Die Erzählfiguren der Kurzgeschichte sind so dargestellt, dass sie erst durch die Vorstellungskraft des Lesers runde Gestalt annehmen. Sie passen sich gleichsam dem individuellen Blickpunkt des Lesers an und erleichtern ihm dadurch nicht nur die Identifikation mit der erzählten Welt, sondern verstärken auch den Eindruck der geschilderten Ereignisse, indem sich der Leser selbst in den erlebenden Figuren wiederspiegeln kann. Die Kunst der Kurzgeschichte besteht darin, ihre Erlebniswelt und ihre gesteigerte Reaktion so zu veranschaulichen, dass sie der Leser als Möglichkeit eigener Erfahrung erlebt.[38]

Die Kurzgeschichte arbeitet meist nur mit wenigen Personen, vielfach in Dreierkonstellation. Treten zwei oder mehrere Personen auf, so können sie gegen – oder nebeneinander handeln.

Im ersten Fall schaffen sie sich erst ihre Situation, handeln sie nebeneinander, so bleibt doch ihr Reden und Tun auf ein und dasselbe Thema bezogen. Weitaus häufi-

---

[36] vgl. Marx, L.: „Die deutsche Kurzgeschichte".1997, S. 65f.
[37] vgl. Rohner, L.: „Theorie der Kurzgeschichte".1973, S. 177.
[38] vgl. Marx, L.: „Die deutsche Kurzgeschichte".1997, S. 65f.

ger steht jedoch nur eine Person im Mittelpunkt der Kurzgeschichte. Das schließt nicht aus, dass hinter dieser handelnden Erzählfigur eine Zuschauerwelt so plastisch hervortreten kann, dass sie gleichsam mitagiert, obwohl sie gar nicht beschrieben wird. Rohner spricht hierbei von zwei Figuren und einen „Streitwert". Der Streitwert muss aber nicht unbedingt eine Person sein, sondern er kann genauso ein Tier, ein Gegenstand oder ein Vorgang sein.

Hierbei agiert er häufig als Ich–Erzähler im unmittelbaren Erzählkontext oder aus dessen Perspektive in der Er-Erzählerform, diese Erzählweise wird meist durch das Mittel des inneren Monologs dramatisiert. Häufig werden diese Personen nur flüchtig skizziert.

Auch der Erzählraum wird nur kurz skizziert, oft gleich zu beginn knapp bestimmt, etwa als: Garten, Zimmer, Straße. Selten spielt die Kurzgeschichte an einem außergewöhnlichen Ort. Häufig ist der Ort eng umgrenzt und überschaubar.[39]

Der Raum ist für die Kurzgeschichte meist eher unbedeutend, jedoch lässt er oft mehr oder minder „eine größere Ausdehnung vermuten", und wird zur Erweiterung der Vorstellungskraft des Lesers überlassen.[40]

3.4 Die Rolle des Erzählers in der Kurzgeschichte

Der Erzähler spielt in der Kurzgeschichte eine bedeutsame Rolle. Er offenbart dem Leser seine Welt und lässt ihn tief in seine eigene Wirklichkeit blicken. Er versucht zwar dem Leser einen Standort zu vermitteln, aber er kann ihm diesen Standort nicht vorgeben. Dies hat eine Begrenzung des Blickwinkels zur Folge. Der Erzähler provoziert Meinungen, ohne jedoch selbst eine Meinung zu äußern, er will den Leser über die Art und Beschaffenheit seiner Wirklichkeit belehren, ohne ihm jedoch eine eindeutige Wahrheit vermitteln zu können. Er verdeutlicht seine Erzählwirklichkeit, indem er sie kritisch hinterfragt und seine Fragen unbeantwortet lässt. Er entlässt den Leser ohne direkte Antwort und weist ihn in ein offenes Ende. Zudem bedient sich der Erzähler der Kurzgeschichte bestimmter erzähltechnischer Mittel, insbesondere der Aussparung des Erzählens, um den Leser zum Einfühlen und zum Mitdenken anzuregen. Somit entsteht ein Bündnis zwischen Erzähler und Leser, da der Erzähler dem Leser einen Teil seiner Arbeit überlässt. Der Kurzgeschichtenautor gibt sich

---

[39] vgl. Rohner, L.: „Theorie der Kurzgeschichte, 1973, S. 51f., 173f u. 178f.

[40] vgl. Kuipers, J.: „Zeitlose Zeit. Die Geschichte der deutschen Kurzgeschichtsforschung". 1970, S. 113.

zwar nirgends als Erzähler zu erkennen, aber gibt seine Intention unbewusst an den Leser weiter.[41]

Der Erzähler nährt sich dem Leser, indem er nicht mehr den Anspruch auf Allwissenheit erhebt. Er tritt in der Kurzgeschichte zumeist nicht mehr in Erscheinung und verzichtet darauf, viel mehr zu wissen als der Leser selbst. Der auktoriale Erzähler wird häufig durch einen personalen oder neutralen Erzähler ersetzt, „d.h.: Indem er sich entweder mit einer Figur identifiziert oder ein Außenstehender bleibt, vermittelt er auch dem Leser den begrenzten Blickwinkel einer Figur, zumindest aber den Eindruck, als Beobachter mit am Schauplatz des Geschehens, ..., anwesend zu sein."[42] Ein besonders starke Verbundenheit mit dem Leser kann durch die Erzählung in der Ich-Form erzeugt werden, besonders dann, wenn ein innerer Monolog verwendet wird.[43] Durzak spricht in diesem Zusammenhang vom „Figurenerzähler"[44].

3.5 Die Darstellung der Zeit in der Kurzgeschichte

Zeit ist für die Kurzgeschichte keine objektive, in gleichlaufende Phasen eingeteilte Größe. Ihr Zeitverständnis deckt sich nicht mit der Normaluhr. Erlebniszeit und erlebte Zeit klaffen notwendig auseinander.[45] Die Erlebniszeit dauert nur einen Moment, wobei dieser Moment wiederum nur relativ zu verstehen ist und auch einige Stunden ausmachen kann, die erlebte Zeit umfasst, wie Böll sagt, „Ewigkeit, Augenblick, Jahrhundert."[46] Die erlebte Zeit meint den empfunden Zeitraum in der sich die Geschichte ereignet. Der Leser vermag diesen Augenblick als unendlich gedehnt und eine verhältnismäßig lange Zeit dagegen als kurz zu empfinden. Die Erlebniszeit liefert der Kurzgeschichte das äußere Gerüst, den Raum, die erlebte Zeit ihre innere Gestalt. Rohner gliedert die Zeit sogar in drei Teile: „einmal in die Zeit des Erzählers, dann in die Zeit des Lesers und schließlich in die Zeit der Geschichte selbst, in welcher das Geschehen nach Uhr- und Kalenderzeit abläuft. Diese untergliedert er wiederum in die „erinnerte" Zeit des Erzählers, Lesers und der Hauptfigur, wobei jeder ein anderes Zeitgefühl wahrnimmt. In dieser Zeit werden bestimmte Dinge ausgelassen, zusammengefasst oder weiter ausgedehnt.[47] „Die Kurzgeschichte greift nie weit

---

[41] vgl. Marx, L.: „Die deutsche Kurzgeschichte".1997, S. 74.
[42] Marx, L.: „Die deutsche Kurzgeschichte".1997, S. 75.
[43] vgl. Rohner, L.: „Theorie der Kurzgeschichte".1973, S. 51f.
[44] vgl. Durzak, Mannfred: „Die deutsche Kurzgeschichte der Gegenwart. Autorenporträts, Werkstattgespräche, Interpretation". Stuttgart: Reclam 1980, S. 303.
[45] vgl. Rohner, L.: „Theorie der Kurzgeschichte".1973, S. 184f.
[46] Böll, Heinrich: „Im Gespräch mit Horst Bienek". In: Bienek, Horst: „Werkstattgespräch mit Schriftstellern". München: Hanser Verlag 1962, S. 140.
[47] vgl. Rohner, L.: „Theorie der Kurzgeschichte".1973, S. 186f.

in die Historie zurück, umso häufiger in die jüngste Vergangenheit, welche als Vorgegenwart, immer noch nicht abgelebt, störend in die Gegenwart hängt."[48]

Der erlebte Augenblick ist immer unmittelbar gegenwärtig. Er ist der Schnittpunkt zwischen Vergangenheit und Zukunft, in dem die Uhr angehalten wird.[49] Auch die in ihm abgelegte Erlebnisfolge wird als „momentan", außerhalb des Zeitablaufs liegend, empfunden. Allerdings können Vergangenheit und Zukunft als Erinnerung und Konsequenz durchaus in den gegenwärtigen Moment gelegt werden, aber auch sie unterliegen dann einer, der spezifischen Erfahrungen des Augenblicks angepassten Auswahl. Die Kurzgeschichte beschränkt sich zwar auf den zeitlich fixierten, nach Art eines Augenblicks ausgestatteten und im Stoff notwendig beschränkten Moment, füllt ihn aber mit den Elementen der erlebten Zeit auf und so durch den Reichtum der in ihr angelegten Möglichkeiten Zeiten und Räume zu überfliegen und ihre Handlung unverhältnismäßig auszudehnen.[50] Dabei erhalten Einzelgegenstände Gewicht:

„Sie haben nicht mehr nur dienende Funktion in gedachten Zusammenhängen. Der Augenblick erscheint in seinem ungeheuren Ausmaß: man erkennt das Nebeneinander verschiedenster, getrennter Ereignisse in einem Augenblick, während man früher diese Ereignisse linear, von einem Anfang zu einem Ende hin, aus der Wirklichkeit herauszugliedern versuchte. Nunmehr scheint es weder Anfang noch endgültiges Ende zu geben... Alles Dargestellte ist Ausschnitt, eine Konstellation im Augenblick. Vor diesem Augenblick waren andere Augenblicke, nach diesem Augenblick werden andere kommen."[51]

Nun gibt es aber auch Kurzgeschichten, in denen zwischen Anfang und Ende eine relativ große Zeitspanne liegt, in deren Verlauf sich scheinbar eine Handlung entwickelt. Jedoch ist auch hier der Endpunkt schon im Beginn beschlossen und es handelt sich im eigentlichen Sinne nicht um Entwicklung, sondern um Spannung zwischen Anfang und Schluss. Die Kurzgeschichte erreicht diesen Eindruck szenischer Verkürzung, der Konzentration der Handlung in einem Punkt, durch das Mittel der Wiederholung oder des Doppelereignisses.

Je nachdem, wie sich Raffungs- und Dehnungstechnik an die chronologische abfolge des Geschehens haften oder von ihr abweichen, entstehen verschiedene Strukturtypen, deren Einteilung in Varianten von der Verbindungsart unter den einzelnen Erzählphasen abhängt.

---

[48] Rohner, L.: „Theorie der Kurzgeschichte".1973, S. 223.
[49] vgl. Durzak, M.: „Die deutsche Kurzgeschichte der Gegenwart. Autorenporträts, Werkstattgespräche, Interpretation".1980, S.304.
[50] vgl. Kilchenmann, R. J.: „Die Kurzgeschichte. Formen und Entwicklung".1967, S. 18f.
[51] Lorbe, Ruth: „Die deutsche Kurzgeschichte der Jahrhundertmitte". In: Der Deutschunterricht, Jg. 9, 1957, H. 1, S. 36.

Es lassen sich drei Hauptgruppen von Gattungstypen aufstellen; sie gründen sich auf: 1. Chronologisches Durcherzählen,
2. rückwendendes Erzählen und
3. zeitloses Erzählen.
In den beiden ersten Gruppen finden sich jeweils mehrere Varianten, in denen z.T. intensiv experimentiert wird, um mit erzähltechnischen Mitteln eine möglichst zeitdeckende Annährung an die faktische Gleichzeitigkeit von Ereignissen zu erreichen; in der dritten Gruppe liegt eine sogenannte Arabeskenordnung vor, die in die vom chronologischen Raffungsprinzip unabhängige Ideenassoziation im inneren Monolog eines Ich-Erzählers. Mögliche Ergänzungen zu jedem dieser Bautypen sind Stofftypen wie die Initiation- u. Gegenstandsgeschichte sowie stilistisch geprägte, etwa vorherrschend satirisch oder grotesk verfremdete, Inhaltskriterien. Diese historisch belegten Varianten wären je nach der anhaltenden Entwicklung der Kurzgeschichte zu erweitern.[52]

Zusammenfassend lässt sich feststellen, dass sich die Kurzgeschichte auf einen bestimmten Augenblick, auf ein bestimmtes Ereignis festlegt, wodurch sie nur noch formale Mittel der Komprimierung und nicht mehr der Ausdehnung ermöglicht. Die Kurzgeschichte lässt folglich nur noch gegenwartsbezogene Probleme zu.

3.6 Anfang und Schluss der Kurzgeschichte

Ein typisch gattungsspezifisches Strukturmerkmal ist die Unabgeschlossenheit der Kurzgeschichte. Zunächst fällt auf, dass die Kurzgeschichte weder einen Rahmen kennt, der das Erzählte auf eine verhältnismäßig unverbindliche Weise einstimmt und abrundet, noch eine Einleitung, die die Prämisse der im Lebensausschnitt eingefangenen Situation zu liefern hätte. Beides ist zwar möglich, steht dann aber in unmittelbar kontrastierendem oder deutendem Bezug zum Erzähltem selbst.[53]

Im Verweisungszusammenhang der verschiedenen Erzählelemente enthält der Titel in der Regel eine rätselhafte, verschlüsselnde Andeutung auf das Geschehen, das meistens mehr oder weniger offen, nämlich ohne Einleitung in den Handlungsverlauf, einsetzt und den Leser sofort in das eigentliche Geschehen führt.

Somit liegt die Betonung auf dem ersten Satz, mit dem der Autor es erreichen muss, den Leser schlagartig in seine erzählte Welt zu versetzen, d.h. der Erzähler setzt unmittelbar in dem Geschehen ein, da dies schon vor dem ersten gelesenen Satz

---

[52] vgl. Marx, L.: „Die deutsche Kurzgeschichte".1997, S. 70f. u. 77-82.
[53] vgl. Rohner, L.: „Theorie der Kurzgeschichte". 1973, S. 52.

begonnen hat.[54] Dabei können Titel und erster Satz auch zusammen fallen.[55] In diesem überraschenden Anfang müssen zugleich alle Komponenten des darzustellenden Augenblicks vorhanden sein. Dieser überraschende und gedrängte Erzähleinsatz vergegenwärtigt das Geschehen auf unheimliche Weise und schafft von Anfang an jene Spannung, die den Leser fesselt und anreizt, sich in das Erzählte zu vertiefen, seiner Fantasie freien Lauf zu lassen und Bruchstücke zu verbinden. Sie ermöglicht ihn keine unerlaubte Abschweifung und führt in vorwärts bis zum Höhepunkt, der zugleich das Ende der Geschichte ist. Ebenso offen, wie die Kurzgeschichte einsetzt, endet sie auch.[56]

Beim Schluss ist die Art der Pointierung zu beachten. Soll die Kurzgeschichte nicht verflachen, indem sie lediglich auf einen spannungslösenden Schlusseffekt zuläuft, dann muss sie außer dieser Schluss- und „Strukturpointe" einen zusätzlichen Höhepunkt beinhalten, durch den der tiefere Sinn der Geschichte sichtbar wird; die „Stilpointe" ist jedoch nicht an die Aufdeckung am Schluss gebunden, sondern durch doppelwertige, sinngerechte Wortwahl über die gesamte Geschichte verteilt.[57] Diese beiden Pointen fallen teilweise zusammen, können aber auch an unterschiedlichen Stellen der Geschichte auftreten. Der Schluss kann formal offen und er kann formal geschlossen sein, fällt jedoch auf Grund der fortbestehenden Problematik thematisch offen aus. Vorherrschend ist die differenziert zu sehende Offenheit entsprechend einer als mehrdeutig aufgefassten Wirklichkeit. Das bedeutet, dass im Erzählschluss keine logische Erklärung, keine Antwort oder gar Deutung des Geschehens enthalten ist. Er stellt also eher eine Frage an den Stoff als seine Lösung dar. Dadurch wird der Leser dazu angeregt diesen Schluss selbst zu beantworten.[58]

---

[54] vgl. Marx, L.: „Die deutsche Kurzgeschichte".1997, S. 67f.
[55] vgl. Rohner, L.: „Theorie der Kurzgeschichte". 1973, S. 140.
[56] vgl. Marx, L.: „Die deutsche Kurzgeschichte".1997, S. 68ff.
[57] vgl. Auzinger, Helene: „Die Pointe bei Cechov". Diss. München 1956, S. 47- 63.
[58] vgl. Marx, L.: „Die deutsche Kurzgeschichte".1997, S. 70ff.

4 Zusammenfassung

Bis Mitte der fünfziger Jahre werden die Probleme des Krieges und der Nachkriegszeit in der Kurzgeschichte zum Thema gemacht. Jedoch wird hierbei weniger der Nationalsozialismus als das unmittelbare Elend und Leid der Menschen behandelt. Die Kurzgeschichte der Nachkriegszeit zeigt uns Menschen in der Ausnahmesituation. Die Kurzgeschichte jener Zeit verliert hier auch den schwächsten Schimmer von Erbaulichkeit und Scheinwelt – was zu sagen ist und dem Autor am Herzen liegt, wird aus einer existentiellen Grundbefindlichkeit heraus gesagt. Zwar scheinen die Ordnungen des menschlichen Zusammenlebens in den Kurzgeschichten fragwürdig geworden zu sein, jedoch erfährt der Leser dass diese Auflösungserscheinung nicht gleichzusetzen ist mit einem Verfall, sondern dass in diese auch schon Ansätze eines Neubeginns enthalten sind. Es geht in der Kurzgeschichte der Nachkriegszeit um die Wahrheit der Sachverhalte unter der Bedingung des modernen Daseins und mit der Aussicht auf neue Lebensmöglichkeiten in einer veränderten Welt.

Von ihren amerikanischen Vorbildern, welche die deutsche Kurzgeschichte nach 1945, wie schon zu Beginn erwähnt, entscheidend beeinflusst haben unterscheidet sich die deutsche Kurzgeschichte im wesentlichen darin, dass sie sich mit dem Einblenden in bestimmte Situationen und Ereignisse nicht begnügt, sondern unausgesprochen die Frage nach dem Sinn solcher Situationen und Ereignisse enthält. [59] Diese „Doppelbödigkeit" ist zwar ein charakteristisches Merkmal zeitgenössischer Prosa und darüber hinaus in der Dichtung aller Zeiten zu finden, aber gerade in der Kurzgeschichte wird die Spannung zwischen der Vordergrundhandlung und dem dahinter liegenden „epischen Vorgang" in einer besonders beunruhigenden Weise spürbar. [60] Dabei ist für die deutsche Kurzgeschichte kennzeichnend, dass sich die Sinnfrage „aus den Tiefen des deutschen Wesens" und aus spezifischen Situationen herleitet, in die der Mensch nach 1945 hineingestellt ist.[61] Und eben die Tatsache, dass in der Kurzgeschichte ein tieferer Sinn verborgen liegt, der oft verschlüsselt ist, wiederlegt den Vorwurf, dass diese Gattung nur zu solchen Kurzformen greift, weil ihm die Zeit und die innere Bereitschaft für anspruchsvollere Großformen der Litera-

---

[59] vgl. Montekat, Helmut: „Gedanken zur Kurzgeschichte". In: Der Deutschunterricht, Jg. 9, 1957, H. 1, S. 28f.
[60] vgl. Zimmermann, Werner: „Deutsche Prosadichtung der Gegenwart, T.I, Düsseldorf, 1962, S.22.
[61] vgl. Montekat, H.: „Gedanken zur Kurzgeschichte". 1957, S. 35.

tur fehlt.[62] Denn mehr als bei anderen literarischen Formen muss man sich bei der Lektüre von Kurzgeschichten die Zeit nehmen, ihren tieferen Sinngehalt zu erfassen, der nicht offen zutage tritt, sondern nun wirklich gedeutet werden muss.
Das Thema einer Kurzgeschichte ergibt sich aus der jeweiligen Zeit. Häufig werden politische und gesellschaftliche Probleme behandelt. Daher versteht Bender die Kurzgeschichte als literarische Gattung als ein „Chamäleon", da sie sich historischen Gegebenheiten anpasst, wie das Chamäleon an die Farbe seiner Umgebung.[63]
Die Kurzgeschichte erzählt zwar den Moment, doch wird seine reine zeitliche Dauer durch die ihm innewohnenden Möglichkeiten erlebter Zeit bei weitem überschritten, oder durch die Form der Darstellung so punkthaft zusammengerückt, dass sie den Eindruck des Augenblicksgeschehens erwecken. Die Kunst des Autors besteht darin, dem Leser gleichsam im Zeitraffer eine Welt zu erbauen, ihm aber dennoch die Vorstellung zu geben, er habe nur in einen kleinen Moment des Lebens Einblick erhalten.
Die Welt, die die Kurzgeschichte vor dem Leser aufbaut, sugerriert der Erzähler als die Welt seines Alltags, mit dem Ziel, dass der Leser sich und seine Zeit darin wiederfindet. In Wirklichkeit jedoch tauchen in der Kurzgeschichte besondere Menschen und besondere Situationen auf, keineswegs aber verirren sich Alltagsmenschen in einer alltäglichen Welt. Die Situation der Kurzgeschichte umschreibt lediglich latente Möglichkeiten alltäglicher Wirklichkeit, nicht den Alltag selbst.
Die ins Bild gebrachte Wirklichkeit unterliegt von vornherein bestimmten Auswahlkriterien, wird jedoch dem Leser als Abbild angeboten. Daher versteht es sich von selbst, dass die sogenannte Objektivität des Autors, der gleichsam zufällig Szenen aus seinem Leben herausgreift und flüchtig skizziert nur fiktiv sein kann. In Wahrheit ist meist ein planender Erzähler am Werk, ein Erzähler allerdings, der seine Pläne und sein erzähltechnisches Geschick zu verstecken bemüht. Dieser Erzähler erlaubt sich nicht, die vielschichtige Wirklichkeit in seinen engen Blickwinkel zu pressen. Er belässt ihr ihre Ambivalenz und gibt ihr Raum für die Meinung des Lesers.
Es ist also zu beachten, dass die Kurzgeschichte, die auf den ersten Blick so einfach und ungezwungen erscheint, in Wirklichkeit ein Meisterstück künstlerischer Konstruktionen ist. Zwar gibt sie vor, Kunst aus ihrer wahrhaftigen Wirklichkeitsdarstellung verbannt zu haben, jedoch hat sie sie gleichsam verdeckt in ihre Struktur verflochten. Zwar stilisiert sie nicht ausgleichend, überhöhend, motivierend, sie gibt keine Ratsch-

---

[62] vgl. Lorbe, R.: „Die deutsche Kurzgeschichte der Jahrhundertmitte". 1957, S. 36.
[63] vgl. Bender, H.: „Ortsbestimmung der Kurzgeschichte".1962, S. 205- 207.

läge und verpflichtet nicht direkt. Bruchstückhafte Darstellung, Offenheit des Erzählens, Alltagssprache und die Fiktion der Standortlosigkeit sind häufig verwendete Mittel der Kurzgeschichte, wodurch sie so alltagsbezogen wirkt. Alles, was die Kurzgeschichte so überraschend unmittelbar erscheinen lässt ist in Wahrheit das Ergebnis sehr bewusst eingesetzter Mittel, vom Autor geplant und durchdacht.[64]

Im Anschluss an diese Arbeit wäre es interessant, diese Eigenschaften anhand bestimmter Kurzgeschichten der Nachkriegszeit zu verdeutlichen. Doch leider würde dies den Rahmen dieser Arbeit sprengen.

---

[64] vgl. Rohner, L.: „Theorie der Kurzgeschichte". 1973, S. 52.

5 Literaturverzeichnis

Sekundärliteratur

AUZINGER, HELENE:
„Die Pointe bei Cechov." Diss. München 1956.

BENDER, HANS:
„Ortsbestimmung der Kurzgeschichte". In: Akzente 9 (1962), S. 205-225.

BIENEK, HORST:
„Werkstattgespräch mit Schriftstellern". München: Hanser Verlag 1962.

BORCHERT, WOLFGANG:
„Generation ohne Abschied". In: „Das Gesamtwerk". Hamburg: Rowohlt Verlag 1949, S. 71-73.

BORCHERT, WOLFGANG:
„Das ist unser Manifest". In: „Das Gesamtwerk". Hamburg: Rowohlt Verlag 1949, S. 348-354.

DODERER, KLAUS:
„Die Kurzgeschichte in Deutschland. Ihre Form und ihre Entwicklung." Darmstadt: Wissenschaftliche Buchgesellschaft 1969.

DURZAK, MANNFRED:
„Die deutsche Kurzgeschichte der Gegenwart. Autorenporträts, Werkstattgespräche, Interpretation". Stuttgart: Reclam 1980.

HÖLLERER, WALTER:
„Die Kurze Form der Prosa." In: Akzente 9 (1962), S. 205-225.

KILCHENMANN, RUTH J.:
„Die Kurzgeschichte. Formen und Entwicklung". Stuttgart, Berlin, Köln, Mainz: Kohlhammer Verlag 1967.

KUIPERS, J.:
„Zeitlose Zeit. Die Geschichte der deutschen Kurzgeschichtsforschung". Groningen: Wolters Nordhoff Publishing 1970.

LORBE, RUTH:
„Die deutsche Kurzgeschichte der Jahrhundertmitte". In: Der Deutschunterricht, Jg. 9, 1957, H. 1, S. 36-54.

MARX, LEONIE:
„Die deutsche Kurzgeschichte". Stuttgart: Metzler 1997.

MONTEKAT, HELMUT:
„Gedanken zur Kurzgeschichte". In: Der Deutschunterricht, Jg. 9, 1957, H. 1, S. 28f.

HÖLLERER, WALTER:
„Die kurze Form der Prosa." In: Nayhauss, Hans –Christoph (Hrsg.): „Theorie der Kurzgeschichte. Arbeitstexte für den Unterricht". Stuttgart: Reclam Verlag 1997, S. 73-78.

ROHNER, LUDWIG:
„Theorie der Kurzgeschichte". Frankfurt a. M.: Athenäum Verlag 1973.

SCHNURRE, WOLFDIETRICH:
„Kritik und Waffe. Zur Problematik der Kurzgeschichte." In: Deutsche Rundschau 87 (1961), S. 61-66.

SCHURRE, WOLFDIETRICH:
„Man sollte dagegen sein. Geschichten". Frankfurt und Hamburg: Fischer Bücherei 1964.

ZIMMERMANN, WERNER:
„Deutsche Prosadichtung der Gegenwart", T.I. Düsseldorf: Schwann Verlag, 1962.